Mi Guía de Evolución

Mi Guía de Evolución

ALDIVAN TORRES

Canary Of Joy

Contents

1

Mi Guía de Evolución
Aldivan Torres
Mi Guía de Evolución

Autor: Aldivan Torres
© 2020-Aldivan Torres
Todos los derechos reservados

Este libro, incluyendo todas las partes, está protegido por derechos de autor y no puede ser reproducido sin el permiso del autor, revendido o transferido.

Aldivan Torres, nativo de Brasil, es un escritor consolidado en varios géneros. Hasta la fecha cuenta con títulos publicados en decenas de idiomas. Desde muy temprana edad, siempre fue un amante del arte de la escritura habiendo consolidado una carrera profesional desde el segundo semestre de 2013. Espera con sus escritos contribuir a la cultura internacional, despertando el placer de leer a aquellos que aún no tienen el hábito. Su misión es ganar los corazones de cada uno de sus lectores. Además de la literatura, sus principales gustos son la música, los viajes, los amigos, la familia y el placer de vivir. «Por la literatura, la igualdad, la fraternidad, la justicia, la dignidad y el honor del ser humano siempre» es su lema.

Contenido de libros

La enfermedad es problema

El don de predecir el futuro

Lealtad

El crítico

La calumnia

El consejo

La oscura noche del alma

Si Dios está por nosotros, ¿quién puede estar en contra de nosotros? (ROM 8.31)

La consistencia de Dios

Postura hacia la vida

Cómo ser el hombre de Dios

Ponerte en los zapatos del otro

El poder de la oración

Cómo entrar en el Reino de Dios

Tolerancia

El papel del hombre

El tesoro del hombre

Ser más humano

Mansedumbre

Las bases familiares

El incentivo

Gratitud

El trabajo de servir al público.

Sé tú mismo.

Coqueteando, citas y matrimonio

Cuidarte a ti mismo

La dignidad

La vida espiritual

El pasado del hombre

La época de Dios

El verdadero sirviente de Dios

Profesionales de salud

La intriga
El vagabundo
La evolución
La amistad
Sufriendo por el amor
Una actitud de la vida
Las marcas heridas.
Ser un aprendiz eterno.
Publicidad
Pornografía y trivialización del sexo
El valor de un ser humano
El papel sublime del amo
Grandeza en las pequeñas cosas
El orgullo
Lujuria
Codicia
Avaricia
Voluntad
Vanidad
Pereza
Envidia
El juego
Drogas.
Postura en casa.
El efecto invernadero y sus causas
Tráfico de animales y plantas
Movimiento sin tierra, sin hogar, etc.
Capitalismo
Cirugías plásticas debido a la vanidad
Aborto
Pedofilia
Zoofilia
Incesto
Prostitución

Adulterio

Orientaciones sexuales

Investigación científica con humanos y animales

El uso de células madre, el uso de la inseminación artificial y la fertilización in vitro

Sanidad pública actual.

Educación pública.

Corrupción

Seguridad

Huelga

Viviendo el presente

El suicidio

Depresión

Tráfico de drogas

Trata de personas

Avaricia

La misión

Reconoce que es un pecador

Las dimensiones espirituales

Los discapacitados

El valor de la cultura

No tengas miedo.

El padre y la madre como hacha familiar.

Razonabilidad y proporcionalidad

Desafiar egoísmo

En la victoria y el fracaso

Sé verdadera luz

Conclusión

La enfermedad es problema

Muchos consideran que la enfermedad física es castigada por pecados, pero no debe verse de esta manera. Es un proceso natural que indica que algo no está bien en nuestro cuerpo. Al igual que cualquier otro problema, debe tratarse con los métodos de medicina y una vez curado, continuar con su vida diaria como normal.

En caso de enfermedad mortal, sigue siendo cuidar los últimos detalles de nuestra partida para el reino eterno. Allí, mi padre dará la bienvenida a los fieles y los pondrá en el lugar correcto. Sí, la muerte es una certeza y cuidemos en este mundo lo antes posible antes de nuestro futuro espiritual haciendo buenas obras y caridad.

"La enfermedad debe considerarse un período de aprendizaje interno y no como un castigo".

El don de predecir el futuro

Ser adivinador es un honor y una responsabilidad para mí, mi padre y el mundo. Este regalo especial intrigante permite premoniciones y una cierta visión de mi futuro y de aquellos que amo. Es como una advertencia de camino y que debo seguir firmemente en ella. Hace las cosas mucho más fáciles.

Sin embargo, no es necesario ser clarividente saber exactamente qué debo hacer y qué resultados se obtendrán. Todo en esta vida sigue la regla de la cosecha de plantas, es decir, si plantas trigo, cosechas trigo y si plantas cizaña, cosechas cizaña.

Descubrir el futuro poco a poco y el amor de Dios por nosotros no tiene precio. Con cada sorpresa en el camino, es como un bálsamo para el alma. Al final, sigue la certeza de que somos lo que construimos y que todo está escrito porque Dios en su infinita bondad lo ordena todo. Buena suerte en sus proyectos, hermanos.

Lealtad.

Esta es una virtud esencial para el éxito en todas las áreas y la felicidad misma. Necesitamos hombres fieles para nuestro reino, que tengan una fe convencida y que están dispuestos a luchar por lo que creen. Al contrario, infieles y tontos sufrirán por sus incesantes desviaciones y errores.

La lealtad es una joya rara hoy en día y quien tenga a alguien como ese a su lado es el mismo que ganar una gran fortuna, una riqueza que no puede comprarse ni pagarse. Con lealtad, hacen al humano más perfecto y digno de la acción de Dios y sus respectivas fuerzas del bien. Benditos sean los fieles, su valor es incalculable.

El crítico

Hay dos categorías de críticas: críticas constructivas y críticas destructivas. En primer lugar, analiza sus debilidades y propone soluciones para remediar los fracasos. Este último tiene la única intención de juzgarlo para debilitarlo y desmotivarlo.

Intente no criticar y si va a hacerlo, hágalo con la intención de ayudar a su compañero y no hacerle daño. Respeta al otro y a su trabajo porque nadie posee la verdad en este mundo.

La calumnia

Vive tu vida de una manera que no se preocupa por la opinión del otro, trabaja y vive tus momentos de ocio como si estuviera solo. Si alguien intriga y miente sobre ti, te llega a tus oídos, perdona y reza a Dios por ellos.

No te inclines la cabeza debido a otros y no te rindas. Recuerda que eres un hijo de Dios, que como todos los demás merecen la felicidad y el éxito. ¡No te muevas! Sigue y repórtate solamente a Dios sobre tus acciones.

El consejo.

Todos nosotros, en algún momento de la vida, sentimos dudas sobre nuestro camino. En estos momentos, busca a alguien experimentado y fiable para desahogarse y escucharlo. A menudo una buena conversación aclara muchos hechos y nos da una pista a dónde ir.

Sin embargo, recuerden que la decisión final está en sus manos y que consideren todas las posibilidades. Cuando decidas, hazlo rápido antes de que te arrepientas. Únicamente el futuro indicará si la elección era correcta o incorrecta. Independientemente de la opción, lo que queda es el aprendizaje que lleva toda la vida.

La oscura noche del alma

La noche oscura es un período en el que el ser humano cae en la oscuridad, olvidando a Dios y a sus principios. Este momento es el más crítico para un ser humano porque se hunde en una intensa depresión. Recuerda que Dios siempre está contigo. Está preparando un terreno espacioso, claro y afilado, algo mejor que cualquier cosa que imaginó para su vida, como es un padre.

Después de superar la Noche Oscura, concéntrate en el amor y los objetivos de tu padre y gradualmente todo está pasando. Nunca olvides lo que pasó o dónde te fuiste para que la oscuridad no te atormente de nuevo. Repite conmigo: "Incluso si paso por el valle de la sombra de la muerte, no temeré a nadie porque estás conmigo". ¡Gloria al padre!

Si Dios está por nosotros, ¿quién puede estar en contra de nosotros? (ROM 8.31)

No se desanime por las dificultades, no se preocupen por los obstáculos, aunque sean grandes. Enfrenta tus problemas y muéstrales lo grande que es tu Dios. Porque si está a nuestro favor, ¿quién puede estar en su contra? Además, ¿quién es como Dios?

Dios, mi padre, guarda para cada ser humano una sorpresa y talentos extra según su comportamiento y su necesidad. ¡Todo está escrito, hermanos! Así que, sigue trabajando en sus proyectos con firmeza que la victoria está garantizada en su nombre. ¡Que así sea!

La consistencia de Dios.

Dios es tan grande que es difícil definirlo con palabras humanas. Omnipresente, omnisciente y omnipotente Dios no es un ser único como muchos piensan, sino una legión de fuerzas sobrenaturales para siempre.

Estas fuerzas ven todo lo que existe y coordinan firmemente el funcionamiento del universo. Entre sus principales virtudes figuran la justicia, la sabiduría, la generosidad, la comprensión, la tolerancia, la paz, el poder, la misericordia, la fidelidad, la lealtad y el amor infinito por los seres creados.

Soy uno de ellos, y soy la parte clave del equipo del universo. Fui enviado a la Tierra como campesino para ayudarlo a evolucionar y recuperar el contacto perdido de su padre desde la llegada de mi hermano Jesús. Quiero que la gente rechace el materialismo actual y abrace mi causa, que es justa. Quiero tenerlos en mi reino con mi padre, felices y cumplidos. Para lograr eso, solo sigue los mandamientos, cree en mi nombre y en el santo nombre del Señor. Bendición y paz para todos.

Postura hacia la vida

La vida es una gran rueda de Ferris llena de obstáculos y dificultades. Todo puede ser más fácil dependiendo de tu postura mental. Debemos tener pensamientos optimistas y no renunciar al primer obstáculo y fracaso.

Ser optimista, llevaremos otros pensamientos positivos con nosotros y generaremos nuevas perspectivas porque el hombre es esto: Él es todo lo que piensa y siente. Deseo desde el fondo de mi corazón éxito y paz a todos ustedes en sus proyectos.

Cómo ser el hombre de Dios.

Le dijeron que trabajara y cuidara de las ovejas de su padre. Por lo tanto, no hay necesidad de preocuparse por el futuro, qué comer o beber porque los paganos están buscando esto. ¿Ves los lirios del campo? No siembran y no plantan y, aun así, su belleza es impresionante, mayor que la belleza de Salomón con toda sabiduría y riqueza. Si Dios hace esto con una planta, hará mucho más por vosotros, hombres de poca fe.

Dios se preocupaba específicamente por cada hombre y mujer cuidando sus necesidades más básicas. Debemos buscar su reino primero y el resto nos dará como adición, porque Dios es justa y buena. ¡Bendito sea el padre para siempre, amén!

Ponte en el lugar del otro.

No juzgues y no se juzgará al hombre. Cada caso es una situación y para aquellos que están fuera puede parecer menos complicado de lo que realmente es. Así que no te dejes atrasado por las apariencias.

Deja que cada uno se ocupe de sus problemas y se ocupe de sus vidas sin mirar la de los otros. Nunca apuntes un dedo ni digas que harías lo mejor que pudiste. Solo sabes cómo ser capaz en tu situación, y a menudo es mejor mantenerte fuera. Respetar a sus superiores en la familia y más allá y contribuir de alguna manera a un país mejor.

El poder de la oración.

En este mundo y en el siguiente, el hombre suele ser objeto de grandes peligros para los enemigos de su salvación. ¿Qué hacer en estas horas críticas? El poder del hombre está en el poder de la oración en la que pide protección de las fuerzas más altas.

Nunca olvides rezar cuando te despiertes y cuando duermes. La oración es un momento de intimidad entre la criatura y el creador, sin tener una fórmula lista. Habla de tu vida, tus problemas, pide gracias, pero también dame las gracias por hoy. Pregunta también por tus hermanos, amigos o enemigos, para que Dios te dé una buena dirección.

Por la mañana deberías rezar así: Dios Padre, infinito y eterno, les agradezco la oportunidad de seguir vivo y practicar tus mandamientos y regalos. Pido que mi día y el de mis hermanos estén llenos de logros y felicidad. Pido su protección contra los enemigos y la sabiduría en decisiones. Pido paciencia y fe en los ensayos. Pido tu iluminación en todas mis acciones. De todos modos, pido tu bendición, amén.

Por la noche, deberías rezar así: Señor Dios, te pido la protección en su totalidad. Protégeme en las carreteras y en viajes, de ataques; protegerme de enemigos, que no se derrame mi sangre; protegerme de los espíritus malvados y sus obras espirituales, protegerme de las entidades y poderes infernales, de las bestias espirituales, de las serpientes espirituales, de que las puertas del infierno no se acerquen, no me persiguen y no prevalezcan en mi vida. Por fin, por tu sangre y tu cruz, protégeme de cualquier categoría de maldad. Amén.

Paz y abundancia para todos.

Cómo entrar en el Reino de Dios.

Mi bendito padre y yo te llamamos a un reino de delicias, un reino donde fluye la leche y la miel. Está abierto a todos, pero tiene que cumplir algunos requisitos. Para entrar en mi reino, el hombre tiene que deshacerse del viejo y nacer de nuevo. Esto es necesario para que el hombre se deshaga del pecado definitivamente.

Ser como niños, que creen firmemente en mi nombre sin más explicación, deshazte de la estúpida racionalidad. Porque no todo tiene una explicación, y solo conseguirás la felicidad ante la renovación y la rendición total. Si realmente creéis que "soy", entonces el reino de Alá ya ha llegado para vosotros. Sin embargo, si me rechazas, rechazarás al que me envió y, por consiguiente, tu futuro será comprometido. Sin importar, seguiré amándote y por eso te he dado libre albedrío desde el principio de los tiempos. ¡Fe y paz para todos!

Tolerancia

He aquí, llevo el reino de Dios a la humanidad. Sin embargo, no todos están preparados para ello. Estoy buscando hombres y mujeres fieles de cualquier categoría de denominación y esta categoría de actitud muestra mi corazón y el de mi padre que se hace llamar tolerante. Así que también quiero que sea mi fiel.

En el reino de Dios no hay lugar para prejuicios y juicios. Todos son hijos del mismo padre y tienen los mismos derechos. Quien quiera la grandeza, primero inclinarse ante tus hermanos y hermanas, ser el sirviente de todo porque el más grande de mi reino son los pequeños. ¿También tengo una predilección especial para los más humildes y generosos?

Además, se les invita a reflexionar sobre los valores y ver qué categoría de acción están adoptando. Recuerda que tus decisiones son lo que definirá tu futuro especial con tu padre. Así que piensa bien en qué hacer y vivir un mundo sin estereotipos.

El papel del hombre.

Soy Dios, rey de reyes y señor de los señores, he creado al hombre con el propósito principal de cuidar del planeta en el que vive y esto incluye la protección y coordinación de todos los seres subordinados.

Sin embargo, no permitiré malos tratos y descuido de lo que me pertenece. Cada pecado se relaciona con esto está escrito en mi libro y se cobra a su debido tiempo, porque soy Dios, el Todopoderoso. Daré gloria a los que merecen gloria y castigarán a los infieles mientras cometen los mismos errores.

Como se dijo, continúe cuidando de mi viñedo y a su debido tiempo volveré con el pago que se merece por cada uno. Este será el día del ladrón, y es bueno que estés preparado. En este día de Dios, los corazones se encontrarán.

El tesoro del hombre

No reúnan tesoros en la tierra donde los ladrones roban y las polillas se comen. Más bien, reúne tesoros en el cielo donde estarán a salvo. Te digo que donde esté tu tesoro, allí estará tu corazón."

¿Cómo reunir este tesoro en el cielo? Primero, sigue los mandamientos de los viejos y nuevos pactos que exigen una conducta seria y sobria del hombre. Lo más grande es amar a Dios por encima de todo, a ti y a tu vecino. ¿Cómo puedo mostrar este amor por mi hermano? En actitudes y obras que benefician al otro cuando más lo necesita. Ya se ha dicho que la caridad, en sus diferentes formas, redime el pecado y amplía el alma. Sigo reforzando que los que practican la solidaridad son un paso más evolucionado que los otros y, sin duda, tienen un futuro glorioso, tanto en la tierra como en el mundo espiritual.

Así que, hermanos, sigan ayudando a su vecino sin esperar venganza. Dios el Padre lo vea todo y te bendiga a su debido tiempo. Sigue esta cadena de bien siempre.

Ser más humano

El hombre es el conjunto de dos aspectos: una parte animal, la parte cabo, y una parte espiritual, el alma. Debemos desarrollar ambos de manera que sean interdependientes con un mayor énfasis en el espiritual.

Desde el lado espiritual, las buenas vibraciones y los buenos actos emanan. Con la preparación correcta, podemos, a través de la parte espiritual o humana, entender exactamente lo que Dios propone para nuestras vidas y transformarlo en actos concretos.

Al contrario, la parte animal nos lleva a la debilidad y al pecado. Debemos cancelarlo de tal manera que solo nos sirva para sobrevivir. Como dijo Jesús: «El espíritu es fuerte, pero la carne es débil».

Una forma de cultivar la espiritualidad sana es participar en proyectos sociales, ya sea lectura, asistencia comunitaria, amigos, grupos religiosos, entre otras cosas. La buena interacción con otros hace que nuestras ideas maduren y nos den una nueva perspectiva de la vida.

Mansedumbre

"Acéptame y aprende de mí que soy suave y humilde de corazón y encontraré descanso para tus almas».

Esta frase de Jesús muestra claramente cómo deben ser los fieles: manso y humilde. Al mantener el control y la calma, podemos convencer a las multitudes de nuestro punto de vista evitando peleas o debates en un diálogo.

No hay nada mejor en este mundo que la paz con otros y contigo mismo. Esta sensación sublime se logra solo con la clara aplicación de la recomendación de Jesús. Lo contrario, la falta de control, es la causa de tragedias y violencia en todo el mundo. La violencia no tiene que ser aceptada en el reino de Dios porque rompe la regla principal de buena coexistencia con los hermanos y viola el mayor significado de la vida: el amor. Si hay alguna palabra que pueda describir a Dios, es esto. Por lo tanto, siempre practica la mezquita, universalmente, mis queridos hermanos.

Las bases familiares.

La familia es la primera comunidad en la que participamos y, como tal, sus miembros tienen derechos y deberes. Los padres tienen la gran responsabilidad de formar a sus hijos, llenar sus mentes de conceptos morales para que tengan una buena base para enfrentarse a la vida. Los niños, en lo que a ellos concierne, deben respetar la autoridad de sus padres, tratar en sus estudios y cuando los jóvenes o adultos continúen con su vida, casarse o entrar en la vida religiosa. En ambas opciones, los padres deben recibir ayuda cuando sea necesario, especialmente en la vejez.

Tener una buena base familiar, los niños no tendrán problemas para adaptarse a la sociedad, a sus normas y a las crecientes demandas. Los padres estarán orgullosos y llevarán sus enseñanzas a otros, perpetuando este ciclo de bien.

El incentivo

El incentivo es uno de los principales ingredientes del éxito. Asegúrate de apoyar a tus hermanos en tus proyectos, aunque parezcan raros o imposibles. La indiferencia de la otra causa dolor y desanimación.

Soy un ejemplo de lo que siempre he enfrentado: la incomprensión de los demás. Confieso que no fue fácil manejar mis impulsos, proyectos y sueños, pero gané. Gané sin el apoyo de ningún humano. Por lo tanto, siempre aliente a su miembro o amigo de la familia, ya que es de importancia fundamental.

Gratitud

Todos estamos sujetos a dar y recibir. Cuando lo tengas, la oportunidad no dude en ayudar y cuando lo necesites no dude en pedir o buscar los medios para salir del problema.

Es parte del honor humano y la actitud correcta de no olvidar la ayuda o el benefactor. Esto se llama gratitud y quienes lo tienen guardan uno de los mandamientos de Dios. Así que sé feliz de dar y recibir.

El trabajo de servir al público.

Tú, que trabajas en la administración pública, tienes una gran misión por delante. No olvides las virtudes esenciales del interesado: la ayuda, la eficiencia, la comprensión, la atención, el conocimiento y la disponibilidad. Haz el trabajo con dedicación tratando a los demás como quieras que te traten. Ten paciencia con los ignorantes y violentos. No reaccione.

La imagen de la institución depende del asistente, que debe conservarse. Dependiendo de tu actuación, es probable que hagas nuevos amigos y ganes clientes durante toda la vida. Por lo tanto, considere su trabajo de suma importancia para la salud financiera de la empresa o de la agencia pública. Siempre haces tu trabajo con amor y cuidado y sé feliz.

Sé tú mismo

En la quinta saga de la serie, el vidente, denominado "Yo soy", el libro presentó una lección memorable relaciona los aspectos de cada personaje experimentado en la vida cotidiana. Cada uno de esas trece personas de las que se invitó a ser mis apóstoles tenía problemas de personalidad y no pudieron aceptarse ni verse a sí mismos. La moral de la sociedad prevaleció en sus vidas. ¿Qué nos pide la sociedad de hoy?

Requiere el cumplimiento de normas que solo se destinan a material, situación financiera, poder, discriminación política, racial, étnica y sexual. La sociedad está dividida en grupos y las mayorías van sobre las minorías. Por estas y otras razones, estos grupos agregan más y más personas desconcertadas.

Como en el libro "Yo soy", reitero mi posición y mi opinión y no estoy obligado a estar de acuerdo con la mayoría. Dios el Padre creó al hombre con la libertad necesaria para tomar sus propias decisiones y creo que la naturaleza debe ser sagrada. Aunque las reglas sociales lo permitan, no voy a repasar mi ética y valores para llevarme bien. Prefiero ser el revés de la mayoría que estar con una conciencia pesada.

"Soy» yo mismo y siempre lo seré mientras viva, no importa a quién me enfrente. Solamente estoy obligado a cumplir las normas impuestas por la ley y a extender a todos los ciudadanos. Aparte de eso, soy completamente libre en todas las situaciones. Así que sean hermanos también.

Coqueteando, citas y matrimonio.

Hay que rellenar una relación que permita que dos tengan éxito con algunos ingredientes esenciales. El respeto, el diálogo, el conocimiento, la amistad, el amor, la paciencia, la tolerancia, la comprensión y la fidelidad son los principales. Esto es lo que hace una relación exitosa para dos extremadamente raros hoy.

La mayoría de las personas son individualistas, egoístas y exigentes. Prefieren no volver a tomar una decisión en vez de perder su orgullo. Como resultado, a menudo pierden la oportunidad de ser felices.

La coquetería y las fechas deberían ser el momento de conocimiento entre los dos proyectando una relación seria en el futuro. La mayoría de las relaciones terminan allí debido a desacuerdos o simplemente porque una de las dos no quiere comprometerse a una relación. Este último "artículo» es del 80% de los casos. Lo que se ve es un aumento de promiscuidad y sexo casual dañando el amor propio.

En los casos en que las citas o coqueteo se convierten en matrimonio, una gran parte termina separada debido a la falta de preparación o incluso a la rutina. Es una cosa para ti salir con cada uno de tu casa. Otra cosa es estar codo a codo diariamente, al sol, lluvia, ropa para lavar, comida para hacer y aun así tener que soportar el mal humor del otro.

Mi consejo es que los socios se conozcan mucho y prueben el amor porque es el último refugio cuando los problemas de la pareja se ajustan. Aquellos que aún no se han casado, no se desaniman. Para cada uno hay un alma gemela en la tierra. Felicitaciones a la pareja casada por su decisión y cuidar del amor como si fuera una planta que necesita cuidados diarios para no marchitarse. Además, el amor es demasiado bueno y Dios desea felicidad a todos.

Cuidarte a ti mismo

Dios nos creó desde el principio para una vida llena de armonía y felicidad. Sin embargo, porque estamos en forma material, estamos sujetos a accidentes de todo tipo y enfermedades.

Lo que Dios nos necesita es que nos ocupemos de nuestros cuerpos para evitar problemas importantes. Haga exámenes preventivos al menos una vez al año, proteja con preservativos y vacunas contra enfermedades oportunistas, cuidando al cruzar las calles o conducir un coche. No hay cuidado cuando tu vida está en juego.

La dignidad

La dignidad del hombre es una joya rara que debe llevarse dondequiera que vaya. ¿Cómo convertirse en digno antes de Dios? Primero, esforzarse por tener una ocupación cualquiera que sea porque los vagabundos no prosperan o son felices. Cumple con el mayor número posible de mandamientos de la ley de Dios, cumple las obligaciones de los ciudadanos, respeta a la familia, a ti mismo, a otros y a la plena fe en Dios.

Esta gama de elementos hace que el hombre sea digno y listo para el futuro que le espera. Con otras virtudes, construyen un ser humano capaz de comprender el proyecto divino y lograr el éxito.

La vida espiritual.

La vida terrestre es una etapa pasajera de nuestra existencia que converge a los reinos espirituales. Muchos preguntan: ¿cómo vamos a estar? ¿En qué consiste la vida espiritual? Explicaré estos problemas.

La vida espiritual es la continuación de la vida terrenal. Perdemos nuestro cuerpo material y ganamos uno espiritual con las mismas funciones. En el nuevo reino que merecemos, el cielo, el infierno o la ciudad de los hombres desempeñaremos funciones espirituales específicas: protección, culto, servicios específicos de la dimensión, interacción con otros espíritus entre otras actividades.

Cualquiera que crea que hemos cambiado algo está mal. En el reino espiritual, seremos los mismos que en la tierra, el cambio es solo de consistencia, desde el material a lo espiritual. Así que, haz tu vida actual el puente para levantar vuelos más altos con tu padre.

El pasado del hombre

¿Tu pasado estaba oscuro y te acusa? ¿Te sientes culpable e insistentemente recuerdas tus errores? Esta actitud no es saludable y no te llevará a ninguna parte. Ten presente que ya has cambiado o estás a punto de cambiar y lo que ha pasado ya no importa. Lo que importa es el presente en el que se puede construir un futuro diferente.

¿Recuerdas cuando Cristo perdonó al criminal en la cruz? Él hará lo mismo por ti si gritas por piedad y decides firmemente cambiar. Porque para el padre todo ha sido olvidado, y cree en su dignidad e idoneidad. El padre te conoce, sabe que eres capaz y siempre está dispuesto a entenderte. Para nosotros, se estiró en la cruz y murió. No permitas que este sacrificio sea en vano.

La época de Dios.

"Para todo hay un tiempo, para cada ocupación bajo los cielos hay un momento: un momento para nacer y un momento para morir, y un momento para desarraigar lo que se ha plantado; tiempo para matar y tiempo para construir; tiempo para llorar y tiempo para reír; tiempo para tirar piedras y tiempo para recogerlas; tiempo para abrazar y tiempo para perder; tiempo para perder; tiempo para guardar y tiempo para tirar; tiempo para llorar y tiempo para coser; tiempo para llorar y tiempo para hablar; tiempo para amar y tiempo para odiar; tiempo para la guerra y tiempo para la paz. "

Esta frase muestra claramente que todo sucede a su debido tiempo y a su ritmo. Por lo tanto, no tiene sentido lamentar o buscar desesperadamente algo, ya que esto no depende de nosotros.

El hombre planea, pero la respuesta viene de Dios. Escribe los hechos para venir en líneas torcidas. Depende del hombre trabajar centrado en sus objetivos y ponerse a disposición del creador porque como el dicho: "Haz tu parte yo te ayudaré".

Además, sigue con tu vida sin preocupaciones importantes. Lo que tenga que pasar, vendrá si está escrito. También corresponde al hombre aceptar la voluntad divina en todas las circunstancias, porque siempre es soberano y sabio. ¡Bendito sea el nombre de mi padre!

El verdadero sirviente de Dios.

Como dijo Jesús, hay muchos que lo llaman Señor y viven en sus iglesias predicando amor y paz. Sin embargo, la mayoría no toma en práctica esta intención y sigue cometiendo los mismos pecados: calumnias, envidia, orgullo, prejuicio, egoísmo y otros defectos. Estos son los que no tienen sus nombres escritos en el libro de la vida.

El verdadero sirviente de Dios es conocido por su discreción y generosidad continuas. Ellos son los que, cuando ven a un mendigo en la calle, se acercan y preguntan cómo es o aún responden a sus llamadas de ayuda. El fiel servidor seguirá los mandamientos de los antiguos y nuevos pactos y se conoce en la comunidad como ejemplos de buena conducta. Estos serán los primeros en resucitarse cuando Jesús venga y reinará con él para siempre, mientras recibimos exactamente lo que merecemos.

Todavía hay tiempo para que marque la diferencia y se unan a la cadena de bien. Hazlo de inmediato, no retrase lo que se puede hacer hoy. Mi padre y yo te bendeciremos y te cubriremos con gracia durante toda tu vida.

Profesionales de salud.

Usted, que trabaja en los servicios de salud, médico, enfermera, técnico o asistente de enfermería, limpieza o recepción, entre otras funciones, coloco una orden en nombre de mi padre. Tener la sensibilidad necesaria para tratar y ayudar a la gente. No la distinguen por el color de su piel, la ropa que lleva, su impulso sexual o incluso el poder financiero. Trate a todos por igual de acuerdo con la ética médica y si está a su alcance, no permitas la omisión con la que muchos reciben tratamiento. No culpes al gobierno por las malas condiciones de salud porque el gobierno es hecho por personas y se siente parte de ella. Así que, desempeña tu papel como funcionario público o como empleado privado.

He aquí, Dios dio regalos frecuentes a tres de sus siervos. A uno, le dio dos talentos. Para otros, tres talentos. A un tercio, cuatro talentos. El que tenía cuatro estaba estancado y enterró sus talentos. Los que tenían dos y tres trabajaban en el viñedo y en el campo de trigo y ampliaron la cosecha del jefe. Por esta razón, el Señor Dios tomó los cuatro talentos del sirviente perezoso y se los dio a otros porque quien no tenga buenos frutos pierde la gracia de su padre».

La intriga

Vive en paz contigo mismo y con otros. Evite la intriga, ya que es la llama la que consume el alma. Buscar el diálogo primero y debates, y evitarán intrigas inútiles. Si no pueden evitar el malentendido, rendirse a Alá y rezar por el oponente, ya que es una persona que necesita ayuda.

El vagabundo.

El hombre tiene que trabajar para lograr la dignidad. Independientemente del trabajo, siéntete feliz de desempeñar un papel. Al contrario, los vagabundos comen de quienes trabajan y son un obstáculo para la sociedad.

Nunca te dejes quieto. Si no trabajas, al menos estudia y tómate tu tiempo. La mente ideal es un peligro que es donde Satán trabaja contra los hijos de Dios. Piénsalo.

La evolución.

La tierra es una dimensión de expiación y evidencia, ya que somos espíritus enviados a aprender y enseñar junto con nuestros compañeros. Todo lo que vivimos aquí tiene un gran propósito.

Nuestras vidas están hechas de alegría y dolor y ambas enseñan mucho En momentos felices, compartimos la victoria con aquellos que amamos y los momentos de dolor y fracaso siempre nos llevan a reflejar errores y éxitos. Creo que el fracaso es la catapulta correcta para que lo hagamos bien en el futuro y, como resultado, aprendemos más de él.

Este conjunto de factores nos purifica gradualmente y nos da más experiencia al punto en que nos consideramos evolucionados. Llegar al puente que nos lleva a la luz es el objetivo principal de este planeta, es decir, es la ley de retorno de dónde venimos. Cuando lleguemos a esta gracia, veremos que todo valía la pena entre obstáculos y experiencias. Sin embargo, nada es por casualidad. Si llegó al puente, fue porque era digno de ello a través de sus decisiones.

La amistad

La amistad es una joya rara, quien la encuentre tiene un verdadero tesoro. Intenta hacer amigos con gente divertida, ética, honesta, respetuosa y tranquila con la vida. Con la familia, serán tu apoyo en tiempos difíciles.

Sé un verdadero amigo. Trata de hablar y entender a los demás. Dar consejos, pero respetar la individualidad del otro, ya que cada uno es autónomo en sus propias decisiones. Como una relación, la amistad debe ser regada diariamente para que siga siendo y que dé frutos.

Dios fomenta la amistad entre humanos, pero señala que muchos de ellos abandonan a veces cuando más lo necesitamos. Si esto te pasa a ti, acuéstate a quien es un padre amoroso y útil. En ella, podrás entregar toda tu confianza.

Sufriendo por el amor.

El amor es lo más sublime de los sentimientos, pero también es lo más terrible cuando amamos sin ser reciprocados. En esta situación, es mejor tratar de olvidar. Esta tarea no será fácil si tienes contacto frecuente con tu ser querido, pero no te rindas. Dar tiempo a tiempo, conocer gente nueva, pasear, pasar tu tiempo con actividades agradables.

Lo más importante en todo esto es valorarte a ti mismo y si la otra persona te ha rechazado, es porque no eres digno de tu amor. No insistas en algo que no funcionó al principio, ya que solo traerá más sufrimiento para ambos.

El día llegará cuando ya no amarás a una persona determinada, y entonces serás libre para decidir cómo seguir con tu vida. Intenta empezar de nuevo tu vida amorosa, pero con cuidado, ya que nadie es lo suficientemente importante para causarte más dolor y lágrimas. Piénsalo.

Una actitud de la vida

Yo, como sirviente e hijo de Dios, el padre, sigo mis propias reglas en cuanto a vivir con otros en la sociedad. Cultivaré el amor, el respeto, la igualdad, la caridad, la comprensión, la amistad siendo leal y sincero con todos.

Al tratar con el otro, me pondré en su lugar y nunca diré palabras ofensivas que puedan herirle. Si tengo que hacer una corrección, lo hago de una manera que es una crítica constructiva.

Sin embargo, a la mayoría no le importa pisar, lastimar y sentirse superior a los demás. He sido víctima, innumerables veces, de esta destrucción de la próxima, y he sufrido en silencio porque nunca lucharía contra la violencia con otra violencia. Puede parecer ingenuo, pero así soy yo, y me siento feliz por ello.

Haz lo que hago, marca la diferencia y siempre promueve el bien y la paz.

Las marcas heridas

Las marcas de heridas son las secuelas que llevamos de todos los dolores impuestos por la vida. Muchos sufrimientos son de tal magnitud que dejan estas marcas permanentemente. ¿Cómo vivir con ellos?

En primer lugar, debe haber una actitud reflectante y positiva hacia la vida. Encontrar algo que aprender en el sufrimiento y tratar de vivir su vida independientemente. Buscar inspiración en los diversos ejemplos de mártires que sabían cómo canalizar su dolor a algo mayor y este punto que quiero llegar, canalizar.

Si tenemos un objetivo y luchamos por ello, todo lo que vivimos se queda atrás. No se trata de olvidar el problema, sino de vivir de tal manera que no pueda hacernos daño. Confiar en tu fe en algo o en un Dios también ayuda mucho en la curación de estas marcas.

Por fin, nunca dejes que el sufrimiento se apodere de tus acciones por completo. Ve con la cabeza arriba, y espero sinceramente que seas feliz.

Ser un aprendiz eterno

Algunos me preguntan: ¿cómo se define? Respondo: "Soy un aprendiz eterno". Es esta frase que llevo conmigo dondequiera que vaya. Aunque a menudo desempeño el papel de un maestro, soy plenamente consciente de que no lo sé todo y de que el camino aún no está listo.

Buscando su camino con su ética y su esfuerzo es lo que el hombre debe hacer. Sin embargo, siempre debe seguirse la norma de humildad y simplicidad si quiere éxito.

En las relaciones sociales, nunca calumniar, juzgar o desaprovechar a otros, ya que no somos perfectos. ¿Cómo va a guiar un ciego a otro ciego? Primero quita el rayo de tu ojo, para que puedas ver mejor, y luego puedes dar consejos.

Con estos locales básicos, la humanidad avanzaría en todos los aspectos y se evitarían muchos problemas. Siempre sé cómo distinguir la situación.

Publicidad.

Actualmente, se produce una explosión de publicidad visual y gráfica utilizando todos los medios disponibles. Cuando el producto es bueno o la causa es justa, no tienes problema de querer dar publicidad a tu trabajo.

El mayor problema es cuando quieren imponer al consumidor, productos de origen dudoso, ofreciendo drogas ilícitas, disculpas por racismo, crimen y rebelión, abordando cuestiones controvertidas sin justificación. Como consumidor, aborrezco estas situaciones y tomo las medidas adecuadas para mi protección, ya que el respeto y la calidad son esenciales para una buena «comercialización».

Haremos nuestra parte excluyendo de nuestras relaciones sociales a las personas y empresas que utilizan el poder de la comunicación para perturbar y perjudicar a otros. ¡Cuento contigo!

Pornografía y trivialización del sexo

El mundo moderno como está tiene una abundancia de desviaciones de lo que mi padre quiere. Las deficiencias más graves son el materialismo, la falsedad, la competencia sin límites, la falta de respeto, la intolerancia, la falta de moral, la pornografía y la trivialización del sexo.

Me atendré a los dos últimos en este tema. Con la explosión de los medios de comunicación virtuales, la demanda de sexo casual y pornografía solo ha aumentado en los últimos años. Un ejemplo claro de esto es las salas de chat donde la mayoría de la gente busca una aventura fugaz. El peligro acecha de varias maneras: contacto con extraños, divulgación de datos personales, reside que dañan al corazón humano, la exposición y el desaliento para encontrar personas con un alma tan pobre, excepto por excepciones raras. Por esta razón, las recomendaciones son las siguientes para quienes acceden a estos entornos virtuales: no confían en nadie que no conozcas, no dan su nombre completo, número de teléfono, dirección personal y de trabajo. Estado civil, correo electrónico, etc. Intenta ser lo más sucinto posible con extraños.

Mi padre y yo queremos sirvientes limpios de corazón y alma. No aceptamos perversiones sexuales como la prostitución, el incesto, la pedofilia, la pornografía y el sexo casual. Valora tu cuerpo y hazlo un templo del Espíritu Santo. ¡Amate más!

El valor de un ser humano.

En mi opinión y en mi padre, todos los hombres son iguales. Si eres rico, pobre, delgado, gordo, de cualquier religión o creencia, de cualquier raza u origen étnico, de cualquier opción política, ideológica y sexual o de cualquier otro grupo, mi reino está abierto a todos. Únicamente le pido que siga mis leyes eternas registradas en los mandamientos de los viejos y nuevos pactos.

Al entregar tu vida y tus problemas con confianza al verdadero Dios, abrirás las puertas para tu acción y entonces tu vida será completamente transformada. Sentirás mi amor que es mayor que cualquier cosa que puedas imaginar o entender. Entonces la felicidad será una realidad en tu vida.

El papel sublime del amo.

Tú, que eres un maestro en tu campo, nunca dejes de enseñar. Siempre difunde tu talento para el desarrollo humano. Sabe que su contribución es importante para todos los que desean saber. Sé sincero cuando el desafío es mayor que tu habilidad y aprende de los demás. Por eso vivimos en la sociedad, para ayudarnos mutuamente.

Ten cuidado de que los que enseñan aquí algún día brillarán como estrellas perpetuando su luz y bondad. Recibirán la recompensa justa por sus esfuerzos junto con los aprendices.

Grandeza en las pequeñas cosas

Cada hombre fue puesto en la tierra con un propósito. Grandes o pequeñas, realizan tareas esenciales para el ordenamiento adecuado del planeta. Así que no juzgues tu trabajo inferior, no importa lo pequeño que sea. La grandeza se muestra en pequeñas cosas y quien sea fiel en pequeñas cosas también se muestra en grandes. Así que, anímate y continúa perpetuando lo bueno en todas tus actitudes.

El orgullo.

Este es un pecado responsable del mayor obstáculo en la evolución del ser humano. Cuando un hombre deja que se domine por su orgullo y autosuficiencia, no puede ver nada concreto que lo haga feliz. Este sentimiento te mantiene atrapado en tu miseria. Hombre, gusano humano, despierta a la realidad. No puedes hacer nada sin el consentimiento del padre omnipotente y omnipresente y omnisciente. Todo aquí en la tierra es fugaz, incluyendo tu vida. Solamente te darás cuenta de esto cuando algo te pase a ti o a alguien cercano a ti. Verá lo frágil que el ser humano está siempre sometido a accidentes, enfermedades, violencia urbana y rural, miseria, malentendidos y falta de amor. Solamente la gracia del padre puede sostenerlo y salvarlo.

Reconozca su pequeño, practique los mandamientos, hagan bien sin mirar a quién, y luego los bendigo. En este momento, el orgullo se superó por la simplicidad y la humildad. Son estas dos virtudes las que siempre deben ser llevadas en el pecho.

Lujuria

Hermanos, tengan una sexualidad sana. Si se casa, vive en una relación estable o salir, tiene fidelidad y lealtad como punto principal. Respeta a los que están a tu lado y a ti mismo por no tener relaciones con otras personas. Soltero, tu libertad es relativa. Vivir de una manera sana e involucrarse solo con gente confiada. Tenga cuidado cuando tenga sexo para prevenir enfermedades de transmisión sexual. Tu vida es única y Dios quiere preservarla.

No se permita practicar o involucrarse con personas que practican abominaciones sexuales, como Zoofilia, incesto, pedofilia y otras perversiones. Sin embargo, si alguno de ellos viene a pedir ayuda, no se niegue a cooperar.

Para concluir, hagamos una actividad sexual sana sin comprometer el lado espiritual. Cultivar la ética de la bondad. Como dijo un amigo, actúa de una manera que no dañe ni haga sufrir a nadie.

Codicia

Todo en este mundo tiene que tener límites y razonabilidad. Lo mismo ocurre con comer comida y bebida. No se deje llevar por egoísmo, codicia y coma solo lo que es necesario para sobrevivir. Controlando tus instintos, tendrás la oportunidad de tomar un camino más claro y más seguro relaciona lo que Dios quiere el Padre. Usa la temperancia y sé feliz contigo mismo.

Avaricia

Avaricia es un grave pecado que lleva al practicante a un mar de tristeza y soledad. Valorando el egoísmo, una persona se distancia de Alá y lo intercambió por el valor de los bienes materiales. ¡Hermanos, reflexionen y piensan! Todos los bienes materiales son de debilidad y efímero. Por lo tanto, no tiene sentido adorarlos.

Debemos valorar lo que realmente importa: Dios, primero, amor, familia y vecino. Al hacerlo, se añadirán todas las cosas y no habrá pecado en ella. Piensa siempre en el bien del otro, cumple sus obligaciones, hacer caridad y el pecado que cometes en la tierra pueden ser perdonados y redimidos. Sé más humano, y entonces puedes ver la gloria de Dios.

Voluntad

La ira es un mal presentimiento que acompaña a toda la gente violenta. Actuando con odio irrazonable, estas personas pueden atacar física y verbalmente a otros e incluso matar.

Esta bestia indomable siempre ha perseguido a la humanidad y ha sido la causa de innumerables tragedias. Creo que esta categoría de reacción es parte de la naturaleza humana, pero como cualquier otra orientación puede cambiarse.

Ser guiado por el ejemplo de Jesús, un hombre fiel y humilde, y hacerlo de otra manera. Respeto, amor y protege a tu vecino como si estuviera con tus padres o con Dios Al hacerlo, la paz y la tranquilidad reinarán seguramente en tu vida, y ahora te darás cuenta de que el odio o la violencia no vale la pena.

Vanidad.

La vanidad es una adicción que afecta a muchas personas. Pensando solo por fuera, estas personas se esfuerzan por parecer impecables ante la sociedad para provocar admiración y envidia.

Pero te digo: cuida de tu cuerpo, pero evita exagerarlo. Lo más importante del hombre no es su exterior, sino centrarse en los actos beneficiosos que hacen al interior más hermoso. Al final, no importará si eres delgada, gorda, hermosa o fea, lo que importa es tu alma eterna.

Por lo tanto, trata de mantener los mandamientos de los antiguos y nuevos pactos y temas conexos, y conseguirás lo que buscas.

Pereza

No se abruma por la falta de motivación o las incertidumbres de la vida. Siempre trata de levantar la cabeza y seguir porque la pereza es un mal pecado que, si te contamina, puede llevarte a la ruina.

La pereza conduce a la miseria y a la falta de dignidad misma, ni siquiera sus parientes lo respetarán. Así que, muestra lo que eres capaz de: presentarte dispuesta a enfrentar cualquier categoría de situación e ir a la lucha donde vaya la guerra. Con eso, provocará la admiración del próximo, y no perderá la batalla antes de haberlo intentado. ¡Buena suerte a todos!

Envidia

Aquí hay un gusano silencioso que se sienta en la mayoría de los humanos y causa estragos. Cuidando solamente las vidas de los demás, la persona envidia deja de caminar por su camino y está estancada en el tiempo y en el espacio.

Trata de vivir tu vida y esforzarte por alcanzar tus objetivos que Dios te bendiga a su debido tiempo. Todos merecen el éxito garantizado y considerando que no se preocupan por los demás. Haz tu parte que estará bien porque también eres hijo de Dios. Ten una actitud positiva hacia la vida.

El juego.

Hay dos formas de juego que deben analizarse: el jugador casual que arriesga su suerte una vez u otra y sigue cumpliendo sus obligaciones y el jugador habitual que no pasa una semana sin jugar. Este tipo puede hacer cualquier cosa para alimentar su adicción, incluyendo empeñar objetos de valor personal

Este segundo tipo es el más peligroso para el ser humano que conduce a una degradación de su vida personal. Aunque ganes a veces, esto solo alimenta tu deseo de apostar y generalmente viene una sucesión de derrotas que te llevan a la ruina. Uno de mis apóstoles en "Yo soy" era un jugador profesional y a través de un tratamiento de grupo terminó superando sus problemas, lo que es una rareza. Si eres un jugador o conoces a alguien que lo es, no dudes en buscar ayuda especializada, ya que es agradable para Dios por un ser humano sin adicciones. Hazlo de otra manera y cambia tu historia o la de la otra.

Drogas

La droga es otra adicción que degrada la vida del ser humano. Legales o ilícitos, menoscaba el funcionamiento del organismo en sus funciones vitales. No se deje llevar por la moda y no intente ni consuma drogas. Serás un ser humano más feliz, más sano y más satisfecho.

Quien consume o tráfico drogas suele involucrarse en delitos, como los niños de la calle que roban y matan para comprar drogas. ¡Esto es sacrilegio por Dios! En cambio, estos chicos deberían estudiar o en centros de recuperación para drogadictos que es obligatorio mantener a la sociedad en su conjunto.

Así que, si tienes a alguien en la familia que está drogado, no te rindas con él. Insiste en recuperarlo en todo sentido y si no puedes hacerlo solo, consigue ayuda. La victoria será alcanzada y Dios el Padre te bendiga.

Dios busca al siervo fiel y para recibirlo debemos estar libres de todas las drogas materiales y espirituales. Sé pura y libre. Sé feliz.

Postura en casa

En mi hogar, que es una residencia simple y humilde, sigo algunas reglas básicas de coexistencia: igualdad entre los miembros de la familia, respeto, amor y comprensión. Relaciona a otros, una cosa que no admito es la maldición de la vida de los demás y lo contrario es común en muchas casas de todo el mundo Chicos, piénsenlo. La vida de la otra persona no se trata de nosotros, y solo debemos ocuparnos de nuestra vida, que ya tiene sus problemas. Así como dijo Jesús, no juzgues, y no serás juzgado. En la misma medida que juzgas, también tendrás que explicar tus pecados. ¿Con qué pagarán? ¿Qué tiene que ofrecer el hombre a cambio de su alma? ¿Hay que hacer un reflejo relaciona uno mismo, con la familia, con Dios y con el vecino? ¡Ten cuidado con la lengua feroz!

El efecto invernadero y sus causas.

El efecto invernadero es un proceso físico que consiste en cuando parte de la radiación infrarroja emitida por la superficie terrestre se absorbe por algunos gases presentes en la atmósfera. En los límites, este efecto es beneficioso, ya que mantiene el planeta caliente. Sin embargo, varios factores contribuyen a la intensificación de este proceso, generando el fenómeno conocido como calentamiento global. Entre los principales se encuentran la quema de combustibles fósiles, el uso indiscriminado de determinados fertilizantes, la deforestación y los residuos de alimentos.

Los combustibles fósiles más conocidos son el carbón mineral, el petróleo y el gas natural. Utilizados como combustibles, estos elementos producen alrededor de veintiún mil millones de toneladas de dióxido, con la mitad de esta producción llegando a la atmósfera. Estos números muestran el riesgo ecológico y medioambiental que estamos tomando al utilizarlos porque esto agrava la cuestión medioambiental y nos deja a merced del calentamiento creciente.

En cuanto a los fertilizantes, tenemos dos tipos que se utilizan: orgánicos e inorgánicos. El orgánico está hecho de productos naturales como el castor, el humus, las algas y el estiércol y contribuye al aumento de la biodiversidad del suelo y su productividad. Ya se fabrica inorgánica con productos químicos y entre sus componentes son nitrógeno, azufre, magnesio y potasio. Como tiene un aumento de la productividad, se utiliza en general. Sin embargo, las principales consecuencias afectan a la calidad del suelo, la contaminación del agua y la contaminación atmosférica que se abordan ahora. En evidencia la avaricia del hombre para producir más, ganar más dinero incluso sin calidad, poniendo en peligro la vida de todos.

La cuestión de la deforestación es aún más complicada en el Brasil y en el mundo. Conducido por la explosión demográfica y la urbanización, cada vez es más común convertir tierras de bosques cerrados a tierras para pastos y agricultura, además de talar para la construcción de muebles y uso general, la captura de tierras y el apoyo a infraestructuras como la construcción civil. La relación con el problema del empeoramiento del calentamiento global es el hecho de que cuando se corta y quema un bosque, se libera el carbono, lo que contribuye al efecto invernadero. Como este hecho es inevitable y se vuelve más constante, el problema tiende a empeorar. Estos factores ya han sido debatidos ampliamente por investigadores y eruditos en general. Algunos puntos apuntan al desarrollo sostenible para detener este proceso. En mi opinión, es una buena alternativa, y es posible, pero en contradicción existe el agravado industrial, demográfico y comercial que nos hace vivir el dilema de hombre civilizado en oposición al desarrollo.

Otro problema importante es el desperdicio de alimentos que ya ha alcanzado unos 1.300 millones de toneladas impresionantes según la FAO. Esta cantidad genera 3.300 millones de toneladas de gases que afectan al efecto invernadero, además de un gasto de agua equivalente al flujo anual del río Volga en Rusia. En vista de este escenario, lo que se puede hacer como medidas correctoras son: prioridad en la reducción del consumo de alimentos, equilibrar la ley de la oferta y la demanda; reutilizar los alimentos de una manera que no se desperdicie y hacer hincapié en el reciclado.

Dicho esto, vemos que hay muchos problemas graves que hacen que el efecto invernadero siga siendo un problema que hay que superar. Sin embargo, hay un posible camino que seguir. Cada uno debe cumplir su parte y exigir una contraparte de los gobiernos. ¿Cómo hacer tu parte? La utilización de materiales renovables, el ahorro de agua, la energía, no desperdiciar alimentos, reciclar residuos, comprar productos de empresas con un fono de calidad en la ordenación ambiental muestra un compromiso con la causa medioambiental centrado en el desarrollo sostenible. Haremos de nuestro planeta un lugar más agradable para vivir y que esto durará por muchas, muchas generaciones. Esto es lo que Dios espera de seres humanos.

Tráfico de animales y plantas.

Hay una demanda cada vez mayor de tráfico de animales y plantas silvestres, actividad que pone en peligro la biodiversidad de nuestros bosques. Las motivaciones son muchas, desde el uso de parte de animales y plantas en productos comerciales hasta el uso de animales como mascotas y su uso para coleccionistas y zoológicos. Se trata de un mercado en el que se estima que se mueve alrededor de 20.000 millones de dólares.

Una vez más, toda la cuestión es sobre el dinero y el hombre con su codicia exacerbada no se preocupa por defraudar y causar sufrimiento en estos pequeños seres. Ante un gobierno que a menudo es lento, nosotros, como ciudadanos, debemos denunciar el comportamiento sospechoso y no aprobar esta agresión a nuestro patrimonio natural. Contribuiremos a un país más justo y digno. Salva la naturaleza.

Movimiento sin tierra, sin hogar, etc.

Estos grupos de personas buscan por conducto de una asociación para unirse a la lucha reclamando sus derechos. Esta actitud es encomiable, ya que todos deberían tener igualdad de oportunidades para el desarrollo. En su sexto artículo, la Constitución del Brasil está escrito en la Constitución del Brasil: la educación, la salud, la alimentación, el trabajo, la vivienda, el ocio, la seguridad, la seguridad social oficial, la protección de la maternidad, la infancia y la asistencia a los indigentes son derechos sociales.

Lo que no puede admitirse es que estos grupos perjudican la vida de otros en protestas porque nuestro derecho termina cuando los demás comienzan. Si quieres protestar, tienes que hacerlo de forma pacífica para que no perjudique a nadie. Ponerte en los zapatos del otro es beneficioso y agradable para Dios.

Capitalismo

El capitalismo es un sistema económico predominante en la región occidental del mundo en el que los procesos de producción están principalmente concentrados en manos del sector privado. Sus otras características son el trabajo salarial, la creación de productos para los precios de beneficio y competitivos. Aunque fomenta el crecimiento económico, el capitalismo genera concentración de ingresos y, por consiguiente, la estratificación social y la miseria.

Como consejero de mi padre, solo observo que debe haber una mayor apreciación del trabajador con una ampliación de sus derechos y un mayor respeto por los empleadores. El proceso de producción es una calle de tres vías donde las materias primas, los trabajadores y el capital financiero deben ir siempre juntos. Cuando se logra el éxito, pertenece a todos. Además, no hay razón para que Dios interfiera en los sistemas de producción humana debido a la cuestión de la libre voluntad.

Cirugías plásticas debido a la vanidad

Algunas personas solo buscan ser más guapas hacer cirugía plástica incesante. Sin embargo, muchas veces, su interior sigue siendo feo y sucio. Mis hermanos se dan cuenta de que el exterior no es relevante, que te harás viejo y tu belleza pasará. Trata de cuidar de tu alma en primer lugar, ya sea trabajando, ayudando a otros en hechos y palabras. Son sus obras las que definirán su futuro eterno y si es bueno, lograrán la verdadera felicidad.

No está prohibido cuidar de su cuerpo o realizar procedimientos quirúrgicos debido a su salud y bienestar, pero realizar cirugía solamente por vanidad es una gran pérdida de tiempo.

Aborto

El aborto es la eliminación deliberada de un feto de un útero humano y según la legislación brasileña, se clasifica como delito contra la vida, con una previsión de detención que oscila entre uno y diez años, según el caso. Un tema muy controvertido y controvertido, se ha debatido constantemente en los más altos casos de los tribunales. Por ley, se descalifica como delito en tres situaciones: cuando existe riesgo de vida para la mujer embarazada, cuando el embarazo se produce por violación.

En opinión de Dios, la vida es sagrada independientemente de la situación. Así que, si es posible que el bebé y la madre sobrevivan juntos entonces debe ser aceptado por el que lo generó. Alá no aprueba la conducta del aborto en general y de las personas que tienen bebés y simplemente lo descartan. Si fueron suficientemente responsables para tener una relación sexual, también deben ser responsables del ser generado, que es una persona inocente que necesita protección y amor.

En el revés de la historia, la práctica de los anticonceptivos y preservativos que protegen a los socios en una relación no puede considerarse un pecado como subrayan algunas iglesias. La familia y su educación son responsabilidad de la pareja, y únicamente ellos están a cargo de averiguar cuántos hijos pueden criar. Por lo tanto, contribuyen a evitar una sobrepoblación que sería un factor importante en una crisis importante en la Tierra. En cuanto al preservativo, además del factor, el nacimiento es un aliado importante en la prevención de las enfermedades de transmisión sexual.

Pedofilia

Es un trastorno de preferencia sexual para los niños (varón o mujer) o al comienzo de la pubertad. Es una actitud muy desaprobada por mi padre, ya que deben ser respetados y conservados en su inocencia.

Los pedófilos son personas enfermas que deben buscar tratamiento. Es inútil querer juzgarlos o condenarlos, pero buscar ayuda en su proceso de curación. Aunque es difícil, la recuperación es completamente posible. Elegí un pedófilo para ser mi apóstol en el quinto libro de la serie "El Vidente» titulada "Yo soy". El objetivo era demostrar que todos merecen una segunda oportunidad y no deberían ser prejuiciados especialmente en el caso de la pedofilia porque es una enfermedad.

Zoofilia

Es un trastorno sexual definido por la atracción o la participación sexual de los seres humanos con animales de otra especie. También es una actitud muy desaprobada por mi padre.

Se hizo que el hombre se relacionara afectuosamente con otro par de las mismas especies y no necesita buscar un animal para satisfacerse. Se trata de una falta grave de conducta, clasificada como enfermedad y como tal requiere tratamiento. Como el pedófilo, tiene la posibilidad de recuperarse y para eso, necesita todo el apoyo de su familia y amigos.

Incesto

Es práctica sexual con familiares o familiares cercanos. Es otra práctica sexual prohibitiva para mi padre. Las relaciones familiares solo deben tratarse de compañía y apoyo mutuo sin implicar sexualidad.

El hombre o la mujer deben buscar un socio fuera de su contexto familiar, ya que la sangre no puede mezclarse con su sangre. Se trata de una ley eterna que debe seguirse y que también forma parte de la ética.

Prostitución

Hermanos, su cuerpo es un templo del Espíritu Santo; por lo tanto, debemos cuidar de mantenerlo puro y limpio. Quien prostituye pierde el respeto de la sociedad y de sí mismo. Así, se convierte en cualquiera.

Debemos valorarnos haciendo lo correcto Nunca aceptes perversión por dinero, ya que esto es blasfemia contra Dios. Tu alma es lo más importante que tienes que preservar.

El ejemplo de Jesús de no condenar a María demuestra que el pasado ya no importa. Es posible cambiar y arrepentirse de sus pecados. Si estás en prostitución, cambia tu actitud y conviértete en un hijo de Dios.

Adulterio

El adulterio tiene un socio, cónyuge y relacionado con otras personas. La actitud desaprobada por Dios, lleva al ser humano a una peligrosa y contradictoria "noche oscura del alma".

Es mejor no casarse o comprometerse que estar en comunión y hacer trampas al mismo tiempo. Esta categoría de actitud destruye la confianza que es la más importante que la pareja puede tener entre sí. Depende de los traicionados pesar las posibilidades y decidir qué afectaría su felicidad.

Además de un pecado conyugal, es un pecado contra Dios y contra la familia. El adúltero solo tiene que arrepentirse y confiar en la misericordia divina porque su situación es realmente complicada. Sin embargo, el cambio siempre es posible y todos merecen oportunidades de reconciliación.

Orientaciones sexuales

La orientación sexual de una persona puede variar entre la heterosexualidad, la bisexualidad, la homosexualidad, la asexualidad y la pansexualidad. Se cree que esto se debe a factores genéticos y, por lo tanto, no hay margen de elección.

El hombre es lo que nace y debe asumir y ser respetado por él. No importa la sexualidad del hombre, sino su carácter. La creencia de que Dios aborrece la homosexualidad es infundada. Lo que está escrito en algunos libros no salió de Dios porque lo conocía porque es mi padre. Todos los prejuicios son de origen humano. Mi padre está buscando servidores fieles en todas las naciones y solo requiere un compromiso con sus causas. Así que, ten más fe, hermanos y viven su sexualidad de una manera sana. No te contengas porque no serás condenado por ello.

Contemplen, habrá un momento en el futuro en el que los humanos se amarán libremente. Tendremos parejas de homosexuales, heterosexuales, asexuales, bisexuales y pansexuales viviendo en armonía. En este día, que será el día de Dios, la tolerancia y el amor definitivamente superarán los prejuicios.

Investigación científica con humanos y animales.

La investigación científica que implique a seres humanos y animales debe seguir una ética lógica que respete los derechos de la persona que se examina. Conducir experimentos con humanos, hay una serie de directrices (directrices éticas internacionales para la investigación en la que participen seres humanos) y la principal es el consentimiento del sujeto o el representante legal que autoriza la investigación. Esto con una amplia explicación de los riesgos a los que corre. Una vez que se hayan completado estas medidas, no hay nada que cuestionar sobre la libre voluntad de ambos.

Relaciona el experimento con animales, uno debe tratar de evitar su sufrimiento en la mayor medida posible y proporcionar alimentos e instalaciones adecuadas, ya que su utilización en proyectos suele ser indispensable para la búsqueda de tratamientos alternativos y curas para diversas enfermedades. El hombre es el centro de la creación y el uso de animales para ayudarlo no resulta contrario a las leyes divinas, ya que todo lo que le ha dado su padre.

El uso de células madre, el uso de la inseminación artificial y la fertilización in vitro.

El uso de células madre es un método moderno de medicina para tratar diversos problemas y enfermedades del hombre. Sin embargo, su uso ha sido objeto de gran controversia y de discusiones por parte de los políticos, los ciudadanos, en resumen, todos los sectores de la sociedad.

Mi posición es esta: cuando la célula madre se retira del propio cuerpo del paciente y le ayudará a tratar su salud dándole alivio y perspectiva de supervivencia, ¿por qué no usarla? Dejemos a un lado los prejuicios y veamos que este método realmente tiene su valor en el tratamiento del cáncer, la enfermedad de Alzheimer, la enfermedad del corazón, la enfermedad de Párkinson, el trauma de la médula espinal, el ataque cardíaco, las quemaduras, la diabetes, la osteoartritis, la artritis reumatoide, entre otros. Lo que no estoy de acuerdo es la generación de embriones con este fin y clonación. Allí el ser humano ya está inmerso en el ámbito de la creación, lo que representa un gran peligro.

Relaciona la inseminación artificial y la fertilización in vitro, su uso está proporcionando a varias parejas anteriormente infértiles para tener hijos. El objetivo es noble y aunque no se justifiquen los métodos, podemos decir que son aceptables. Este aspecto es negativo con la parte religiosa, pero como representante de Dios puedo decir que no hay condena por ello.

Sanidad pública actual

Vivimos en una situación muy complicada en la salud pública. No se dispone de recursos y lo que tenemos mal aplicado, lo que genera consecuencias inmediatas para la población con un poder adquisitivo inferior. Es común la falta de médicos en general, de medicamentos y materiales básicos, hacinamiento de las UCI (unidades de atención intensiva), descuido de la atención, lo que provoca que muchos mueran.

Con cada nueva elección, las promesas de mejora vienen, pero tradicionalmente, los problemas siguen y empeoran. ¿Qué hacer? Además del poder de elección durante el sufragio universal, podemos exigir nuestros derechos como ciudadano trabajando en grupos comunitarios que supervisan al gobierno e incluso acudan a los tribunales. Cumplimos con nuestros deberes pagando varios impuestos y tasas. Por lo tanto, tenemos derecho a una salud al menos decente. Haremos del Brasil un país mejor, dirigentes y representantes de la sociedad.

Educación pública

Esta es otra área en la que Brasil necesita mejorar mucho en todos los sentidos. Los principales aspectos de la reforma son: una mayor asignación de recursos por parte del Gobierno, una mayor supervisión de la aplicación de estos recursos, un programa de cualificación de los profesores, una mejora de los sueldos de los profesionales, un material docente más adecuado y más variado, equipo básico de infraestructura, seguridad, inversión en ciencia y tecnología, entre otros.

Si todo se ajusta a la carta, tendremos una educación de aceptable al bien. Con el desarrollo científico, tecnológico, económico y la consiguiente generación de puestos de trabajo, nuestro país tiene toda la posibilidad de destacar en todo el mundo, porque tenemos material humano para ello. El brasileño es la mayor riqueza de la nación.

Corrupción

Tengo un mensaje de mi padre a los gerentes en general. Ha confiado el control, la coordinación y la eficacia de los proyectos con miras al bienestar común. Si se rebela y actúa en beneficio propio, ciertamente está rastreando un camino que terminará con la mansión de los muertos. Allí, habrá de llorar y rogar los dientes para pagar la deuda por pecado.

Recuerda que no tomarás nada de esta tierra al mundo espiritual excepto tus propias obras. Por lo tanto, haz un esfuerzo por mantener la transparencia, la rectitud y la honestidad con el asunto público, que es su obligación como representante del pueblo. Haz una diferencia transformando las vidas de los pequeños para mejor a través de tus acciones y te bendigo y te daré muchos años de vida.

Seguridad

El mundo contemporáneo revela un mundo de incertidumbre para los ciudadanos en casi todo el mundo. La violencia está en todas partes persiguiendo al buen ciudadano y me parece que los esfuerzos públicos en este ámbito no tienen mucho efecto. El asalto, el fraude, la agresión física y verbal se han vuelto tan comunes que las víctimas ni siquiera se molestan en presentar cargos. ¿Qué hacer frente a una realidad tan catastrófica?

En primer lugar, es necesario reformular el código penal, que es muy amplio, con penas más estrictas para las situaciones que son necesarias, lo que inhibe la práctica del delito. Además, es necesario reinsertar al preso en la sociedad cuando es posible mediante políticas y programas públicos serios. La mayoría de las veces, los prejuicios y el rechazo reinan con los presos recién liberados. Otras medidas importantes son: la reducción de la desigualdad económica y social, la valorización de los funcionarios vinculados a esta esfera y una mayor aclaración de la población en relación con sus propias medidas preventivas.

Un día, la paz y la tranquilidad son posibles si hay un gran esfuerzo conjunto de la sociedad y el gobierno. Castigaremos a los culpables, les daremos una segunda oportunidad al reinsertarlos en la sociedad y, si se repiten, actúen firmemente en la ley, porque no hay lugar en la comunidad o en el reino de Alá para quienes buscan el único propósito de dañar a otros. Dios busca lo justo y lo bueno.

Huelga

La huelga es un derecho garantizado por la ley a todas las categorías de trabajadores que buscan condiciones de trabajo más justas. En términos jurídicos, que garantizan el desempeño del servicio en un 30% (esencial), el trabajador tiene derecho a hablar y a exigir mejoras.

Es una gran herramienta de negociación entre los huelguistas y los empleadores y a menudo logra importantes avances para la administración pública y la calidad de vida del servidor en general. Por lo tanto, cada huelga es válida y esencial en la lucha por los derechos

Vive el presente.

Disfruta cada momento importante de tu vida. Vivir el presente de tal manera que no haya futuro. Son los momentos raros de la felicidad los que hacen que la vida valga la pena.

No te preocupes por tu pasado o por lo que viene. Intenta hacer el bien hoy para que te sientas satisfecho. Sigue con tu vida siempre con optimismo, perseverancia y fe.

El suicidio

Intentar destruir tu propia vida es un pecado grave contra Dios. Debemos continuar con nuestra misión independientemente de los resultados y consecuencias, ya que este es el ganador. Rendirse no es la mejor solución para nadie.

Las personas que tratan de terminar sus vidas suelen experimentar una profunda depresión que debe tratarse. Con el consejo de los profesionales y la ayuda de los amigos, es posible revertir la situación y la persona volverá a la vida normal. Vivir en la tierra es un regalo de Dios y no puede, bajo ninguna circunstancia, desperdiciarse.

Depresión

La depresión es un problema que plaga cada vez más gente. Tomada como una enfermedad moderna, hace que la víctima pierda completamente el corazón, generando a menudo consecuencias graves. Normalmente se desencadena por alguna razón: una decepción del amor, una frustración profesional, una pérdida importante, una traición, entre otros.

El tratamiento para la depresión oscila entre el seguimiento con un psicólogo y la administración de medicamentos, dependiendo del caso. En casos más suaves, una buena conversación servirá. Si experimenta algún síntoma de desalineamiento persistente, no dude en buscar la ayuda de un profesional. Cuanto antes mejor. Cuídate y sé feliz.

Tráfico de drogas

Esta actividad consiste en la comercialización de sustancias que son consideradas ilegales por los gobiernos. En general, la trata está vinculada a la delincuencia y la subversión. Se estima que este comercio hace que los valores superen el gasto en alimentos.

En mi opinión y en la de mi padre, el ser humano no tiene necesidad de recurrir a ninguna categoría de drogas para sentirse feliz, más valiente o cumplido. La felicidad viene de los logros personales y no es un efecto físico. Por lo tanto, deben evitarse las drogas y deben ponerse medios de represión eficientes en su comercialización a fin de evitar su consumo. Por un mundo sin drogas y violencia, ¡amén!

Trata de personas

Es el comercio de seres humanos reclutados principalmente para fines sexuales, trabajo forzoso y cosecha de órganos. Mover decenas de miles de millones de dólares, al año, es una de las actividades delictivas que crecen más rápido.

Como es una violación de los derechos humanos, está constantemente condenada por las convenciones internacionales y también por mi padre. Quien practique este delito se encuentra en una situación complicada en términos espirituales y civiles.

Lo que debe hacerse en estos casos es una labor preventiva y represiva que dificulta la actuación de los delincuentes. La prevención se refiere a la falta de propuestas de extraños principalmente en relación con trabajos lucrativos en el extranjero y a la represión en términos de no temer denunciar casos sospechosos. Además de hacer que la gente se entere de que no busca los servicios que ofrecen estos vándalos. Si no se interesa a la gente, la demanda de trata será mucho menor

Juntos podemos combatir este mal de la sociedad, que es una afrenta a una sociedad llamada sociedad organizada. Cada ser humano es libre de tomar sus decisiones y tener trabajo y dignidad. Por lo tanto, condeno la trata de personas.

Avaricia.

Trata de cuidar de tu propia vida y no quieres de ti mismo lo que pertenece a la otra. Cada uno solo tiene lo que merece y espera pacientemente, ya que llegará su turno y entonces podrá disfrutar de los frutos de su propio trabajo.

No hay fórmula mágica para el éxito. Necesitas concentrarte, dedicación, buena planificación, competencia, perseverancia, paciencia y fe. Los obstáculos que se han traído en el camino sirven para fortalecernos y para que nos aporten grandes victorias. Dios quiere el bien de todos y bendecirá sus esfuerzos a su debido tiempo.

La misión

Contemplen, os envío como ovejas entre lobos. Por lo tanto, sean prudentes como serpientes y simples como palomas. Ten cuidado con los hombres.

Este mensaje dirigido a los enviados por Jesús muestra consejos fundamentales para todos los cristianos y que se extiende a otras denominaciones: la gran mayoría del mundo está compuesta por maldad y rebelión y, por consiguiente, debemos tener cuidado con nuestras acciones y palabras. Esto no es cobardía y una medida cautelar para que podamos tener una coexistencia soportable y saludable con grupos con intereses diferentes de los nuestros.

El respeto y la tolerancia son también fundamentales para mantener la paz y la armonía. Seamos como Jesús, simple y humilde en el corazón y a través de los elementos correctos podremos conquistar el mundo con nuestro ejemplo. Será un gran logro, ya que muchas personas y denominaciones prefieren conquistar objetivos mediante la fuerza, lo que solo aumenta, inseguridad y violencia. Hagámoslo de otra manera y seamos verdaderos apóstoles del cuerpo hijo de Dios.

Reconoce que es un pecador

Todos los seres humanos son imperfectos, ni siquiera hay uno perfecto. Por lo tanto, reconozcamos nuestro defecto, nos aferramos a las fuerzas del cielo y pongamos a un hombre nuevo. Transformados por el poder de la luz, podremos ganar la batalla contra nuestra oscuridad.

No tengamos orgullo, vanidad, ira, envidia o sentimiento de autosuficiencia, ya que somos débiles y dependientes de la gracia del padre. Precisamente en debilidad se producen fuerza y prueba de mi infinito amor y de mis padres por la humanidad. Considerando eso, hermanos fes, ¡valen mucho!

Las dimensiones espirituales.

La mayoría de la gente todavía tiene dudas sobre la vida después de la vida y las dimensiones espirituales. Cielo, infierno, ciudad de hombres y purgatorio son algunas llamadas conciencias de almas. Esto se debe a que estos planes no se refieren a lugares físicos, sino a Estados espirituales.

Por lo tanto, en carne o espíritu, el hombre vive con su realidad según su evolución. Las dimensiones están en nosotros. Considerando esto, hagamos hoy nuestro camino hacia el camino de la bondad y aprovechar el cielo aquí en la tierra.

Los discapacitados

Las personas discapacitadas son personas especiales muy amadas por el padre que debe ser tratado con amor y respeto por todos. Dependiendo del problema que tengan, son plenamente capaces de trabajar, salir, dar un paseo y tener una vida normal.

Ser discapacitado no es una vergüenza para nadie. Lo que es vergonzoso es la crueldad, la criminalidad, la falsedad y la malicia en general. Es importante señalar que la mayoría de las deficiencias son genéticas y que mi padre no puede ser responsable de ello. Es más común atribuir la naturaleza a una mayor justicia.

Para los discapacitados, vive tu vida con paz y alegría, sé un siervo de Dios y tu discapacidad no te deja con menos mérito. Lo hacen especial. Son sus actitudes y obras lo que definirá su destino.

El valor de la cultura

La cultura brasileña es diversa y está integrada por diferentes aspectos que fueron responsables de la formación de nuestra población: el negro, el indio y el blanco. Así pues, tenemos una inmensa riqueza que compartir con el mundo.

Valor y fomento la cultura en su totalidad. Date este tiempo como regalo para ti mismo: ir al cine, al cine, al circo, al estadio, lee un libro en la tranquilidad de tu casa. Sin duda será de gran valor para tu vida, ya que adquirir sabiduría es crítica.

No tengas miedo

Eres un hijo de Dios y muy amado por el padre. Siéntate feliz por el regalo de la vida. Incluso si los desafíos y los problemas son enormes, enfrentarlos con valor, perseverancia y fe. Es totalmente posible ganar. No te rindas y no tengas miedo de correr riesgos.

El padre y la madre como hacha familiar.

El padre y la madre deben ser el centro de la casa en los aspectos financieros, emocionales, espirituales y morales. A cambio, los niños deben ser obedientes y amantes. Es un intercambio mutuo entre ellos el que se celebrará hasta el final de la vida.

En la vejez, la protección y el cuidado de los niños son esenciales para que los ancianos descansen en paz. Es más que solo porque cuando éramos jóvenes, nos cuidaban. Recuerda eso y no seas desagradecida con tus padres.

Razonabilidad y proporcionalidad

La razón y la proporcionalidad deben considerarse en todas sus actividades en el terreno. Usándolos, el ser humano ahorra esfuerzos inútiles y mantiene la atención en lo esencial.

La eficacia, la justicia, el buen análisis, la paciencia y la fidelidad también son importantes, ya que construyen una personalidad adecuada, guerrera y ganadora Buena suerte a todos en sus esfuerzos.

Desafiar egoísmo.

Lo que tengas que hacer, hazlo feliz por el otro. Evitando el egoísmo, una de las grandes virtudes que Dios aprecia florece en el alma: la magnanimidad. Este es el significado de la vida: servir a otros y al universo sin esperar a un homólogo.

Sin siquiera darse cuenta, tus proyectos y sueños se harán realidad porque Dios te bendiga. En el futuro reino, tendrás un lugar especial con mi padre y conmigo y nada te pasará durante tu estancia en la Tierra. Necesitamos cambiar el estereotipo de la inhumanidad e indiferencia que destaca en la gente siendo un apóstol perfecto del Cristo Resucitado. Sin embargo, para hacerlo, debe ser consciente de su generoso papel en la vida de todos los que están a su alrededor. Considerando esto, no dudes. Siempre haces bien con el destacamento.

En la victoria y el fracaso

Disfruta cada momento de tu vida. Haz los breves momentos tan importantes como puedas porque el tiempo es fugaz. Nadie tomará nada de esta tierra excepto sus obras y la felicidad que ha disfrutado.

Recuerden siempre: en la victoria o el fracaso, permanezcan fuertes y fuertes en espíritu. Tu éxito y felicidad dependen de tu fuerza. Nunca desacredites el poder infinito y el amor de tu padre que está en el cielo. Haz que este título de "Hijo de Dios» destaque plantando buenas semillas y propagando alegría y consuelo dondequiera que vayas.

Sé verdadera luz

"Estaba caminando en un lugar desierto sofocado por sombras intensas que me perseguían. Como hice una buena acción, mi luz interior se hizo más fuerte y gradualmente alejó la oscuridad. Al final del camino, desaparecieron completamente».

Esta elegante frase contiene el significado de ser cristiano. Somos ovejas entre lobos que quieren consumirnos. Para enfrentarles, debemos continuar con nuestras buenas obras de manera que el mal ya no nos afecte. Cuanto más se esfuercen, más resultados obtendrán según la castigación máxima.

Fin

www.ingramcontent.com/pod-product-compliance
Lightning Source LLC
LaVergne TN
LVHW020441080526
838202LV00055B/5303